贺绍俊　吉国秀　著

中国少年儿童新闻出版总社
中国少年儿童出版社
北　京

图书在版编目（CIP）数据

中国节 / 贺绍俊，吉国秀著 . -- 北京：中国少年儿童出版社，2024.1（2024.7重印）
（百角文库）
ISBN 978-7-5148-8405-0

Ⅰ. ①中… Ⅱ. ①贺…②吉… Ⅲ. ①节日－风俗习惯－中国－青少年读物 Ⅳ. ① K892.1-49

中国国家版本馆 CIP 数据核字（2023）第 244994 号

ZHONGGUO JIE
（百角文库）

出版发行：中国少年儿童新闻出版总社 中国少年儿童出版社

执行出版人：马兴民

丛书策划：马兴民 缪 惟
美术编辑：徐经纬
丛书统筹：何强伟 李 橦
装帧设计：徐经纬
责任编辑：纪 旭
标识设计：曹 凝
责任校对：田荷彩
封 面 图：刘妍妍
责任印务：厉 静

社 址：北京市朝阳区建国门外大街丙 12 号
邮政编码：100022
编 辑 部：010-57526320
总 编 室：010-57526070
发 行 部：010-57526568
官方网址：www.ccppg.cn

印刷：河北宝昌佳彩印刷有限公司

开本：787mm × 1130mm 1/32
印张：3
版次：2024 年 1 月第 1 版
印次：2024 年 7 月第 2 次印刷
字数：34 千字
印数：5001-11000 册

ISBN 978-7-5148-8405-0
定价：12.00 元

图书出版质量投诉电话：010-57526069 电子邮箱：cbzlts@ccppg.com.cn

序

提供高品质的读物，服务中国少年儿童健康成长，始终是中国少年儿童出版社牢牢坚守的初心使命。当前，少年儿童的阅读环境和条件发生了重大变化。新中国成立以来，很长一个时期所存在的少年儿童“没书看”“有钱买不到书”的矛盾已经彻底解决，作为出版的重要细分领域，少儿出版的种类、数量、质量得到了极大提升，每年以万计数的出版物令人目不暇接。中少人一直在思考，如何帮助少年儿童解决有限课外阅读时间里的选择烦恼？能否打造出一套对少年儿童健康成长具有基础性价值的书系？基于此，“百角文库”应运而生。

多角度，是“百角文库”的基本定位。习近平总书记在北京育英学校考察时指出，教育的根本任务是立德树人，培养德智体美劳全面发展的社会主义建设者和接班人，并强调，学生的理想信念、道德品质、知识智力、身体和心理素质等各方面的培养缺一不可。这套丛书从100种起步，涵盖文学、科普、历史等内容，涉及少年儿童健康成长的全部关键领域。面向未来，这个书系还是开放的，将根据读者需求不断丰富、完善内容和结构。在文本的选择上，我们充分挖掘社内“沉睡的”“高品质的”“经过读者检验的”出版资源，保证权威性、准确性，力争高水平的出版呈现。

通识读本，是“百角文库”的主打方向。相对前沿领域而言，一些应知应会知识，以及建立在这个基础上的基本素养，在少年儿童成长的过程中仍然具有不可或缺的价值。这套丛书根据少年儿童的阅读习惯、认知特点、接受方式等，通俗化地讲述相关知识，不以培养“小专家”“小行家”为出版追求，而是把激发少年儿童的兴趣、养成正确的思考方法作为重要目标。《畅游数学花园》《有趣的动物语言》《好大的地球》《看得懂的宇宙》……从这些图书的名字中，我们可以直接感受到这套丛书的表达主旨。我想，无论是做人、做事、做学问，这套书都会为少年儿童的成长打下坚实的底色。

中少人还有一个梦——让中国大地上每个少年儿童都能读得上、读得起优质的图书。所以，在当前竞争激烈的市场环境下，我们依然坚持低价位。

衷心祝愿“百角文库”得到少年儿童的喜爱，成为案头必备书，也热切期盼将来会有越来越多的人说“我是读着‘百角文库’长大的”。

是为序。

马兴民

2023 年 12 月

作 者 序

在每一个人的童年记忆里，节日肯定是一张最清晰的底片，所以俗语中都说“小孩子盼过年”。过年，就是中华民族最具广泛性的传统节日。

中国的传统节日有着不同的来源。有的是源于原始的祭祀活动，有的是源于宗教活动，有的是源于祖先从事的农业生产活动，还有的是为了纪念一些重大的历史伟人和历史事件。传统节日不管是怎么产生的，都凝聚着中华民族的传统文化精粹，体现着传统文化的精神价值，所以我们在纵情欢度传统节日时，也就无形中接受了传统文化的洗礼。正因为节日与民族文化精神有着密不可分的关系，所以世界上每一个民族都很重视自己民族的节日。联合国在制定《保护非物质文化遗产公约》时，就把“社会风俗、礼仪、节庆”列为一项需要得到保护的内容。

我们从传统节日中挑选出八个比较重要的至今仍广泛流传的节日，对它们进行介绍，希望你能够通过阅读，对中国的传统节日有更多的了解，更加喜爱过中国的传统节日。

中国节是中华民族文化的庆典，让我们都在中国节中得到隆重的文化洗礼吧！

目　录

春　节

爆竹声中一岁除，春风送暖入屠苏。

千门万户曈曈日，总把新桃换旧符。

这是宋朝大诗人、大宰相王安石给春节写的一首诗，名叫《元日》。古往今来，无论男女老幼，中国人在春节的时候，就会像诗歌所表现的那样，欣喜万分，充满憧憬。

一到春节边上，孩子们就会欣喜雀跃、手舞足蹈，嘴里喊着：“过年了，过年了！”

春节是中国人最隆重的民族节日，因为它

庆贺的是新的一年开始了。人们为了充分表达喜庆的心情，从正月初一开始要热热闹闹地庆贺一段时日，短的是到正月初五，长的要到正月十五，有的地方意犹未尽，则要把庆贺的活动延续到正月底，整整一个月。整个这一段时间都可以叫作过年。直到今天，民间仍普遍把过春节叫作过年，这样一个通俗易懂的叫法，表示了人们对未来一年的生活充满美好希望。

新年放爆竹

春节是新年的第一天，新年是人们用震耳欲聋的鞭炮声迎来的。当午夜交正子时，新年钟声敲响，整个中华大地，爆竹声震响寰宇，人们喜气洋洋地跨进了新的一年，辞旧迎新，充满了美好的憧憬。有的地方还在庭院里“垒旺火”，以示旺气通天，兴隆繁盛。在熊熊燃烧的旺火周围，孩子们放爆竹，欢乐地嬉戏蹦跳。这时，屋内是通明的灯火，庭前是灿烂的火花，屋外是震天的响声，把新年的热闹气氛推向了最高潮。

初一早晨，开门大吉，先放爆竹，叫作“开门炮仗”。爆竹声后，碎红满地，称为“满堂红”。大家放完爆竹回到屋里后的第一件事，就是拜天地、迎神、祭祀祖先，以祈求神灵保佑一年百事顺遂。古时，这种礼俗很盛。因各地礼俗的不同，祭祖形式也各异，有的到野外瞻拜祖墓，有的到宗祠拜祖，而大多在家中将祖先牌位依次摆在正厅，陈列供品，然后祭拜者按长幼的顺序上香、跪拜。

初一大拜年

拜年是春节中最重要的一项内容。拜年就是亲戚朋友、邻里乡亲之间相互走访串门，表达贺喜之意，交流亲情、友情。

拜年的习俗已经有一千多年的历史了。宋朝的时候，京城开封府为了给大家拜年提供方便，从正月初一起，平时关闭的关卡都会开放三天。明朝的文人在文章里记载了京城拜年的盛景："京师元旦日，上自朝官，下至庶人，往来交错道路者连日，谓之'拜年'。"

初五迎财神

民间传说正月初五是财神的生日，过了正

月初一，接下来最重要的活动就是迎财神。在古代，普通百姓的日子多半都比较艰难，如果碰上天灾人祸，更是度日如年，因此他们总是祈望财神能成为自己生活的保护神，盼望在财神的保护下能过上丰衣足食的好日子。在财神生日到来的前一天晚上，各家各户就开始置办酒席，为财神庆贺生日。

财神叫赵公元帅。他戴着一顶铁帽子，手里拿着铁鞭子，浓浓的胡须，黑黑的脸，骑在一只黑虎的背上。人们敬财神时，还会在财神身边置两个神童，一个叫招财，一个叫进宝。

财神为什么姓赵呢？据说这是宋朝的皇帝赵恒给起的名。赵恒当上皇帝后，为了证明赵宋江山的稳固，说有一位天神给自己托了一个梦，这位天神就姓赵，是赵家的祖先，叫赵玄坛。这位皇帝梦中的赵公元帅就成了道教的一尊神，民间则把他当成财神来祭祀。

别看赵公元帅浓眉大眼、相貌威严，但在普通百姓的心目中，他的心地善良，特别爱帮助穷人。财神在做生意的人眼里显得更加重要。过去的商店多半是除夕做完生意就放假了，一直要到正月初五才开门营业，开门的第一件事就是迎财神，每家商店门前都是锣鼓喧天，燃放鞭炮，迎接财神的到来。迎完财神之后才正式营业。

有趣的春节忌讳

春节是新年第一天，人们希望春节能带来未来一年的好运。既然如此，在过春节时人们就会有很多禁忌，这些禁忌的目的无非是图个好兆头，满足人们求吉祥的心理。比如春节期间有很多倒霉的字眼不能说。不能动刀动剪，否则会断绝财路、仕途。不能吃开水泡饭，也不能用汤泡饭，否则这一年注定只有吃稀饭的“穷命”。切忌摔碎杯碗，否则有破产的可能。春节尤其不能扫地和倒水，否则会把财气扫走倒掉。

由此就引出了一个“破五”的习俗。很多春节的禁忌都以初五为界限，过了初五就可以开禁了，可以动刀剪了，可以煎炒烹炸了，可以倒垃圾了……如果没有“破五”，这些禁忌不开，那人们的生活也就越来越不方便了。

春节有这么多禁忌，大人们知道犯禁忌的厉害，自然会认真遵守，可是孩子们不知天高地厚，该怎么说还怎么说，说出犯禁忌的话来是常有的事。大人们对此也无可奈何，你总不能把孩子的嘴给封上吧。于是大人们就想出另外一个办法来——“揩屁股”。著名作家丰子恺曾经写过他小时候过年时“揩屁股”的情景：

吃过年夜饭，母亲乘孩子们不备，拿出预先准备的老茅草纸向孩子们口上揩抹。其意思是把嘴当作屁股，这一年里即使有不吉利的话出口，也等于放屁，不会影响事实。但孩子们何尝懂得这番苦心？我们只是对这种恶戏发生兴趣，便模仿母亲，到茅厕间里去拿张草纸来，公然地向同辈甚至长辈的嘴上乱擦。被擦者决不愤怒，只是掩口而笑，或者笑着逃走。于是我们拿起草纸，朝后追赶。不期正在追赶的时候，自己的嘴却被第三者用草纸揩过了。于是满堂哄起热烈的笑声。

娱　乐

春节既然是中国人最热闹的节日，娱乐活动自然丰富多彩。难怪有句俗话说：“大人盼种田，小孩盼过年。”

舞　龙

舞龙又叫耍龙灯，是春节必不可少的娱乐活动。龙是古代传说中的神异动物，有消灾降福的神力。春节期间舞龙，也是为了祈求神龙保佑来年风调雨顺，五谷丰登。舞龙经过千百年的沿袭、发展，已成为一种形式活泼、表演精彩、带有浪漫色彩的民间舞蹈。龙用草、竹、木、纸、布等扎制而成，龙的节数以单数为吉利，多见九节龙、十一节龙、十三节龙，多者可达二十九节。十五节以上的龙就比较笨重，不宜舞动，主要是用来观赏，这种龙特别讲究装潢，具有很高的工艺价值。还有一种“火龙”，用竹篾编成圆筒，形成笼子，糊上透明、漂亮的龙衣，内燃蜡烛或油灯，夜间表演十分壮观。

逛 庙 会

春节期间常见的娱乐活动有踩高跷、跑旱船、打花棍、扭秧歌、耍狗熊、抖空竹、演口技以及玩猴戏、木偶戏、皮影戏等。

这么多娱乐节目，你要是看不过来，最好的办法就是去逛庙会，上面的那些活动几乎都能在庙会中看到。

春节庙会既有看的，又有吃的，又有玩的，最后，还可以买到很多充满喜庆气的民间工艺品。庙会上最受欢迎的食物是各地的风味小吃。人们尤其愿意在庙会上买一些带吉祥气氛的小玩意儿。比如带大小不等的“福”“寿”字的红绒花和剪金纸花；还有长尺半、阔半尺的印有金鳞图案和“吉庆有余”“吉祥如意”等吉利话的大红纸鱼，用一根竹劈儿缀上白线控制，以便手提；还有成串的、泥胎外糊金银箔的金银元宝，也拴在竹劈儿上。

饺子和年糕

春节好吃的东西可多了，不过最有春节特色的要数北方的饺子和南方的年糕了。饺子在北方流行的历史很长，一千六百多年前的史书上就有记载。饺子是北方人日常的食物，但是在春节的餐桌上尤其不能少了饺子。春节吃饺子还很有讲究。饺子要在除夕晚上包好，等到子时（即午夜十二点），正是新年与旧年交替的时刻，才能开始吃饺子。这时候吃饺子寓意着“更岁交子”，这是取饺子与交子谐音的缘故。春节吃饺子还会吃出很多名堂。有些地方在包饺子的时候，要暗暗包几个馅里藏着一块糖或一颗栗子、一粒花生米、一枚钱币的饺子，谁吃到这样的饺子，谁在新年里就会交好运。南方人在春节吃的不是饺子，而是一种用糯米粉做成的黏糕——年糕。年糕让人有一个美好的联想：生活年年高。

元　宵　节

卖汤圆，卖汤圆，

小二哥的汤圆是圆又圆，

一碗汤圆满又满，

三毛钱呀买一碗。

汤圆汤圆卖汤圆，

晚来一步只怕要卖完。

中央电视台的春节联欢晚会有一年唱起了这首中国台湾民谣《卖汤圆》，歌声激起了海峡两岸同胞的热情，因为两岸同胞过的是同一个节，受同一种文化熏陶。春节过后就是元宵节，元宵节我们就要吃汤圆了。

正月十五，人们还没从春节的热闹中清静下来，又到了另一个欢腾的节日——元宵节。因为元宵节离春节这么近，有人就把正月十五看成过年的高潮。

元宵节与神

传说都是人民表达意愿的方式，并不是历史上真有其事，所以要了解元宵节的来源，还得请历史专家和民俗学专家们进行一番学术考证。据专家们研究，元宵节最初是一种宗教性的节日。中国的道教信奉三元神，三元神是上元天官、中元地官、下元水官，他们分别诞生在正月十五、七月十五、十月十五这三天，因此这三个日子分别叫上元、中元、下元，在这三天人们都要举行祭祀活动。所以人们就把正月十五的祭祀活动称为“上元节”，这就是为什么古代也把元宵节叫作上元节的原因了。另外，道教还信奉另一个神，叫太一神。太一神的地位非常尊贵，在三皇五帝之上，因此古代祭祀太一神的活动十分隆重，祭祀太一神的日子也是在正月十五这一天。因为汉武帝迷信神仙，所以在他即位的时候，特别重视祭祀太一神。他在甘泉宫专门修了一座太一祠坛，除了平时的祭祀外，还要在正月十五这一天举行最为隆重的祭祀仪式。祭祀从黄昏开始，通宵达旦都是灯火辉煌。汉朝的管制特别严厉，为了防止人民造反，朝廷规定了宵禁，就是说，到了夜晚，不准人们点灯外出夜行。但祭祀太一神必须在夜晚进行，所以朝廷就在正月十五这一天取消宵禁。于是人们在这一天夜晚就可以走出家门，到外面参加祭祀太一神的活动，也借机放松心情，踏月赏灯，逐渐就形成了正月十五元宵夜赏灯的习俗。

元宵节的“闹”

人们常说“闹元宵”，一个“闹”字，概括出元宵节的气氛。我们可以想象古代的情景，由于宵禁的严格执行，人们在新春到来之际，一到夜晚就憋在家里不能外出，好不容易到了正月十五这一天开禁，人们终于能够放心大胆地走出去了，心情会是何等地舒畅，还不痛痛快快地娱乐一番？于是正月十五这一天的娱乐活动越来越丰富，不仅有彩灯烟火，还有各种表演，人们可以尽情闹腾。

历史上有不少故事是元宵节中“闹”出来的。比如有一个“薛刚反唐”的故事就与闹元宵有关。薛刚是唐朝大功臣薛仁贵的后代，在正月十五这一天，看到皇亲国戚在灯会上为非作歹，他路见不平，大闹花灯，打死了皇亲国戚，也闯下了大祸，薛家一百多口都被皇帝下令杀死。薛刚被逼无奈，干脆举起了反唐的义旗。《水浒传》里，宋江想走后门见皇上，就是利用正月十五元宵节万民齐乐的机会，偷偷来到京城，找到京城名妓李师师，因为李师师和皇帝有来往，宋江求李师师在皇帝面前为他说好话，将他招安。谁知李逵听到这个消息大发雷霆，他举着一对板斧大闹花灯。梁山泊的众英雄好汉也拥入京城，闹个天翻地覆，宋江招安的如意算盘也就彻底粉碎了。类似闹元宵的历史事件还有：李自成的起义军利用元宵节大放花灯，采取军事行动；明末清初，郑成功利用元宵节打丰州城。

团团圆圆吃元宵

元宵节不仅是娱乐的节日，也是吃的节日。在过节这天，北方人喜欢吃元宵，南方人要吃汤圆。

汤圆用糯米制成，白晶透亮，软和圆润，恰好与正月十五的月亮相对应，这也是古代人的一种讲究。中国传统文化很注重月圆月缺的象征意义，人们往往在月圆的时刻寄寓亲人团圆的心愿。所以在传统节日中与月亮有关系的节日就有好几个，中秋节自然是其中最重要的一个，而元宵节也离不开圆圆的月亮。正月十五夜是新年中第一个月圆之夜，古人说“一年明月打头圆”。天上一轮圆月朗照，人们则在亲人团聚的时刻同食形如满月的元宵，感受到合家团聚的亲情和喜悦。

观花灯，猜灯谜

前面我们说到了元宵节的传说与灯有关。尽管传说不见得是历史上真有其事，但元宵节的的确确离不开灯。观花灯是元宵节的重要内容，要不，人们怎么会在元宵节的夜晚狂欢一个通宵呢？

自古以来，许多诗人都在元宵节观灯之际写下脍炙人口的诗句。这些诗歌中最有名的是辛弃疾的《青玉案·元夕》。这是一首词，“青玉案”是这首词的词牌，“元夕”是这首词的题目，就是指的元宵夜。这首词是这样写的：

东风夜放花千树，更吹落、星如雨。宝马雕车香满路。凤箫声动，玉壶光转，一夜鱼龙舞。　　蛾儿雪柳黄金缕，笑语盈盈暗香去。众里寻他千百度，蓦然回首，那人却在，灯火阑珊处。

猜灯谜又叫“找灯谜”，这是一项充满趣味的智力游戏。在花灯上写上各种谜语，人们不仅可以观赏花灯之美，还能通过猜灯谜获得智力考验的快感，的确是一举两得。

《红楼梦》中描写了贾府在元宵节时猜灯谜的活动，从中可以看出猜灯谜是很有趣味的。小说写到元宵节这一天，招进宫里的元春回来省亲。她回到贾府就拿出了几个灯谜，差人给贾宝玉、薛宝钗、林黛玉等弟妹们送去，让每个人猜一个灯谜。大家都猜出了元春的灯谜，特别高兴。贾母看到大家都喜爱猜灯谜，就命人赶快做了一盏小巧精致的围屏灯，摆在屋子当中，又叫大家各自想出一个灯谜，贴在屏上，“然后预备下香茶细果及各色玩物”，作为奖品奖给猜中者。

清 明 节

清明时节雨纷纷，路上行人欲断魂。

借问酒家何处有？牧童遥指杏花村。

唐朝诗人杜牧写的这首《清明》，通俗易懂，朗朗上口，许多孩童都会背诵，但你在背诵时能够体会到古人在清明节时的心情吗？当你对清明节有了更多的了解后，你就能更好地理解这首诗了。

清明节不像其他节日，固定在每一年的某月某日，它是由二十四节气之一的清明来决定的，每年的清明大致在公历 4 月 5 日前后。二十四节气是我国古代天文学家的一大发明，它比较客观地反映了一年四季气温、降雨、物候等方面的变化，所以古代劳动人民根据它安排农事活动。

中国自古是一个农业大国，因此民间非常重视二十四节气的变化，有些节气到来的时候，都要举行一些仪式。但唯有清明，成了一个非常重要的节日。

缅怀祖先

中国人自古以来就非常崇拜祖先，尊敬长者。正月初一要在家中祭祀祖宗牌位，清明节则是另一次祭祀祖先的重要时刻。这一次是到祖先的墓地去祭祀，为祖先的墓地扫墓。民谣说："三月清明雨纷纷，家家户户上祖坟。"

为什么古代要选定清明这一时节去扫墓呢？这跟寒食节有关系。寒食节是我国古代的另一节日，寒食节的日期是冬至后的第一百零五天，距清明还有一到两天。在寒食节这一天，人们不能生火做饭，只吃事先准备好的冷食。所以寒食节又叫禁烟节、熟食节、冷食节。

扫　墓

扫墓大致有如下内容，一是为死者烧三炷香，摆放水果等供品，烧纸钱，鸣鞭炮。纸钱是一种特制的钱币，是送给逝者在阴间使用的钱，又称冥币、光明钱、往生钱。除了烧纸钱外，扫墓还流行一种压钱的习俗，就是把纸钱压在坟墓的四角和坟顶。然后扫墓者在香火袅衾中祭奠逝者，晚辈一般要行跪拜大礼。二是在祭奠完毕后要整修坟墓，给坟墓培土、除草。民间信仰认为，坟地是逝者的世界，他们在那里进行生产劳动，衣食住行，无一不有，而墓穴就是逝者的房屋，房屋长年日晒雨淋，会有破旧开裂的地方，所以生者要为逝者把房屋修好。更为重要的是，祖先如果在坟墓里住得安稳，其子孙后代才会繁荣兴旺。祖先的墓地联结着今天的生命和情感，正因为这样，古代十分重视祭祖扫墓。

踏青赏春

清明节，又叫踏青节。踏青这种节令性的民俗活动，历史非常悠久。春天来了，野外的土地都长出了青青的小草，人们来到郊外，踏着青青的小草，欣赏美好的春光。你看，踏青二字是多么形象。清明在每年阳历的 4 月 4 日至 6 日之间，这个时节，寒冷逐渐远去，春光明媚，草木吐绿，人们整个冬季窝在屋子里躲避寒冷，已经憋屈得很了，早就想出去呼吸呼吸清新的空气，而清明时节正是出去的好时候，所以古人有清明踏青的习俗。

踏青，又称踏春、游春、寻春。清明节这一天，男女老幼携手到郊外散步，领略风和日丽、鸟语花香的好光景。他们或者采摘花草，或者洗浴春水，或者吟诗放歌，或者饮酒猜拳，或者开展踢球、荡秋千、放风筝、拔河等体育活动。女人们尤其是年轻女性，在清明节这一天应该是最为高兴的，因为女子平时被束缚在家，而且得按照三从四德的要求说话行事。但到了清明节，她们也可以穿上最艳丽的服装出来踏青，观赏大自然的美丽，尽情地玩耍，所以古代有一句俗语说“女人的清明男人的年”。

清　明　柳

柳树是清明节的一种节日象征。

古人踏青的时候，人们坐的轿子和马车都会插着柳枝，妇女的头上和儿童的衣服上也会插着柳枝。清明节不仅是踏青时要插柳，人们到了这一天都有折柳的习俗，或者把柳条编成圈儿戴在头上，或者把柳枝插在房前屋后，或者将柳枝插在先人的坟头。柳虽属平常之树，却有极强的生命力，落地便可生根，春风一吹，便绿上枝头。柳枝在人们眼里是有灵性的，可以避邪，所以人们愿意用来当作装饰物。

纵观古今，爱柳之人大有人在。“碧玉妆

成一树高，万条垂下绿丝绦。”“沾衣欲湿杏花雨，吹面不寒杨柳风。”这样的诗句只要从口中吟诵出来，便让人觉得柳条已经带着春意扑面而来了，心神俱醉。在世人的眼中，清明柳是春，是画，是情丝，是细节，是思念，是生机，是坚韧，是俗世的烟火，也是希望。或许，正因为春柳有这么多美好的特质，所以清明时节，手持细柳追思先人的时候，心底便可多一分亮色，少一分悲戚。

食　物

清明节承接了古代寒食节的传统。寒食节因为不能生火，所以备有很多可以冷食的食品，这些冷食的食品也就成了清明节的特色。这类冷食的食品有糯米酪、麦酪、杏仁酪以及馓子、麻花等。

在寒食节的传统食品中，还有一种“青精饭”。据《琐碎录》记载：“蜀人遇寒食日，采阳桐叶，细冬青染饭，色青而有光。”明朝《七修类稿》也说：“古人寒食采杨桐叶，染饭青色以祭，资阳气也，今变而为青白团子，乃此义也。”清朝《清嘉录》对青团子有更明确的解释：“市上卖青团熟藕，为祀先之品，皆可冷食。”这种青团子是在糯米中加入雀麦草汁舂合而成，馅料多为枣泥或豆沙。把新芦叶垫在蒸笼底，再放入青团子蒸熟。出笼时，一个个青团子翠绿可爱，又带有芦叶的清香。人们用它扫墓祭祖，但更多的是应令尝新，青团子用于祭祀的功能日益淡化。

端 午 节

五日五，端午节，

外婆叫我去做客。

舅妈叫我包粽子，

舅舅叫我编竹船。

竹船好，粽子多，

粽子坐船漂过河。

漂过河，帮什么？

把屈原爷爷救上河。

农历五月初五是端午节。端午节还有很多

种叫法，如端阳节、重五节、重午节、天中节、夏节、五月节、菖蒲节、龙舟节、沐兰节、粽子节等。叫“端阳节”，是因为五月正是仲夏，古人很重视五月太阳的变化，它的第一个午日正是登高顺阳天气好的日子。叫“重五节”，是因为农历五月为午月，“五”“午”同音，五、五相重，所以又把端午节叫作“重五节”或“重午节”，有些地方也叫“五月节”。端午节的叫法有这么多，足见这个节日包含的文化内涵特别丰富。

纪念伟大诗人屈原

屈原是我国古代的一位伟大诗人。他的爱国主义情操，他的虽九死犹不悔的崇高人格，通过他的诗篇《离骚》《九歌》《天问》等影响着世世代代。

屈原生活在战国后期的楚国。他出身于贵族，具有很高的文化修养，知识渊博，才学非凡。他年轻时深受楚怀王的信任，是楚国内政外交的核心人物。当时楚国北边的秦国越来越强大，楚国在外交上形成了亲秦和抗秦两派，屈原坚决主张联合齐国对抗秦国。但楚怀王身边的小人太多，他听信小人的谗言，逐渐疏离了屈原。屈原忧愤而作《离骚》，希望感动楚怀王。可楚怀王听不进屈原的忠言，屈原被骗到秦国，最后屈死在秦国。楚怀王的儿子楚顷襄王继位后，屈原依旧忠心耿耿，上书顷襄王，劝他联齐抗秦，为怀王报仇雪恨。谁知顷襄王更不把屈原放在眼里，将屈原放逐到洞庭湖边。屈原眼看一度兴盛的国家已经无望，于悲愤交加之中，自沉于汨罗江。当地的百姓为了纪念屈原，每年五月初五都划着船，用竹筒子盛了米撒到水里去祭祀他。后来，他们又把盛着米饭的竹筒子改为粽子，划小船改为赛龙舟，这种纪念屈原的活动渐渐成为一种风俗。到了宋朝，朝廷追封屈原为忠烈公，并把五月初五定为端午节，以此纪念这位伟大的爱国诗人。

划 龙 舟

在五月初五的艳阳天里，人们会聚到江河湖边，一艘艘轻巧的龙舟下水，一个个彪悍的小伙子、一个个俊美的大姑娘上船了，岸边上人声鼎沸，彩旗招展，水中的龙舟一字排开，整装待发。随着一声令下，只见万桨齐动，船如离弦之箭划过水面，破浪前行，一艘艘龙舟你追我赶，斗智斗勇，最先冲过终点的胜利者欢欣鼓舞，而落后者也毫不气馁。这就是端午节上赛龙舟的场景，它的规模和气势不亚于召开一场体育运动会，所以有人把端午节看作民间的体育节。

端午节的佩饰

过去人们为了在端午节避邪驱恶，不仅要在房前屋后悬挂避邪物，自己也要随身带上各种避邪的物品，久而久之，就形成了戴各种饰物的习俗。端午节佩戴的饰物还真多。

五彩缕又叫五色丝、长命缕、续命缕、延年缕、长寿线等，它其实就是五种颜色的丝线缠在一起。端午节的清晨，大人们起床后第一件大事便是在孩子手腕、脚腕、脖子上系五彩缕。系线时，禁忌儿童开口说话。五彩缕不可任意扯断或丢弃，只能在夏季第一场大雨或第一次洗澡时，扔到河里。因为扔到河里，就意味着让河水将瘟疫、疾病冲走，儿童由此可以保安康。

戴香包也是端午节特别流行的一种习俗。香包又叫香袋、香囊、荷包等，有用五色丝线缠成的，有用碎布缝成的，内装香料，佩在胸前，香气扑鼻。

吃 粽 子

终于说到吃粽子了。粽子是端午节特定的节日食物，也是端午节的标志，如果不吃粽子，端午节就过得不完满。为什么在端午节要吃粽子呢？这也有一个传说。据说屈原死后，人们为了纪念他，每年的五月初五都要来到汨罗江边，把米撒入江中，以这种方式祭奠屈原。到了东汉初年，长沙有个名叫区曲的人，他梦见屈原对他说："多年来人们祭我的米，都让蛟龙吃掉了。今后你们要把楝叶和米塞在竹筒里，或用芦叶包裹好，再用五彩丝线缠好。因为蛟龙是害怕楝叶、芦叶和五彩丝线的。"区曲把自己的梦告诉了大家，大家都相信这是真的。从此，人们到五月初五要祭奠屈原时，就把米包裹在芦叶里，再用五彩丝线缠紧，这就有了端午节包粽子、吃粽子的习俗。不过，还有另一种说法，端午节往河里扔粽子就是扔给龙吃的，龙吃了用糯米包的粽子，粘住了牙齿，就不会去伤害屈原了。

粽子是将糯米及配料包在几片粽叶里，看似很简单，却在漫长的历史中发展出丰富多样的品种。先就造型而言，有三角形、四角形、锥形、枕头形、小宝塔形、圆棒形等。粽叶的材料则因地而异。南方因为盛产竹子，就地取材以竹叶来包粽子。一般人都喜欢采用新鲜竹叶，包出来的粽子有一股浓郁的竹叶清香。北方人则习惯用苇叶来包粽子。

现在人们都是买现成的粽子吃，但最有节日气氛的还是自己包粽子。过去的人家过端午节时少不了包粽子的节目。进入农历五月，家家都为包粽子忙开了，泡糯米，洗粽叶，然后一家人围坐在一起，包出一个个漂亮的粽子，体会着家庭的温馨。

中 秋 节

还记得李白描写小时候看月亮的那首诗吗？

小时不识月，呼作白玉盘。
又疑瑶台镜，飞在青云端。
仙人垂两足，桂树何团团。
白兔捣药成，问言与谁餐。

诗中那个悬挂在云端，里面有桂树与白兔，像白玉一样的圆盘，说的就是中秋节那晚的月亮。而我们接下来要讲述的，就是与月亮有着千丝万缕联系的中秋节。

每年农历的八月十五日，民间起名为中秋节。当然，在你的家乡可能会听到不同的名称，例如仲秋节、月夕、八月节、团圆节、女儿节等。虽然名称稍微有些差别，但说的都是同一个节日。不管中秋节有多少不同的称呼，有一点是共同的，那就是离不开月亮。一个没有月亮的中秋节是无法想象的，中秋节的许多活动都与月亮相关。

月亮里究竟有什么

古人虽然没有机会到月亮上去看一看，但是他们将日常生活的经验与丰富的想象相结合，创造了瑰丽的神话故事。在这些至今仍在流传的神话故事中，他们表达了探索月亮的渴望，以及对月亮上有什么的各种猜测。这其中最著名的当数嫦娥奔月的故事了。

相传在远古的时候，天上同时出现了十个太阳，结果晒得庄稼枯死，鸟兽逃散，民不聊生，人间承受着无尽的灾难。当时有一个英雄，名叫后羿。他登上了昆仑山顶，运足神力，拉弓引箭，一口气射下九个太阳。后羿也因此得到了百姓的尊敬和爱戴。

后来，有一个美丽、温柔、善良的女子嫁给了后羿，这个女子名叫嫦娥。嫦娥经常把后羿打到的猎物分给周围的百姓，人们都很喜欢她。

一天，后羿到昆仑山求道，碰巧遇到由此经过的王母娘娘。王母娘娘念及后羿射日救民的功劳，便赐给他一包不死药。传说，服下不死药就可成仙。后羿舍不得撇下妻子，也不愿意与友邻分离，所以就把不死药交给嫦娥保管。

后羿有一个徒弟，叫蓬蒙，想得到不死药，自己成仙。这一年的八月十五，后羿率领徒弟外出打猎。蓬蒙谎称生病，留了下来。在确信师父已经走远之后，蓬蒙闯入后羿的家里，逼迫嫦娥拿出不死药。在万分紧急的情况下，嫦娥灵机一动，将不死药吃下。嫦娥吃下不死药以后，身轻如燕，立刻飘升，很快就飘离地面，一直向天上飞去。嫦娥不得已成仙，但她还是留恋人间，也十分挂念后羿，于是就选择了离人间较近的月亮住了下来。

当天晚上，后羿打完猎回到家，才知道发生了什么事情，但为时已晚。后羿伤心欲绝，仰天长叹。他突然发现，今天的月亮格外皎洁、明亮，里面有个身影在晃动，那个身影看起来非常熟悉。后羿知道，那不是别人，就是嫦娥。为了表达对嫦娥的怀念，后羿在嫦娥往日喜爱的后花园里摆上香案，在香案上放上她平时爱吃的水果和糕饼。百姓们知道嫦娥奔月的消息后，纷纷在月下摆设香案，一方面纪念嫦娥，另一方面也向嫦娥祈求平安。这一行为代代相传，就形成了中秋节拜月的风俗。

中秋节是怎么来的

关于中秋节的来历，说法有很多，除了上面纪念嫦娥的故事，流传比较广泛的主要有秋报和祭月。秋报、祭月都是古代的仪礼制度，流传到了后世，演变为中秋节。

我国是个农业大国，农业活动又与时令节气密不可分。而二十四节气在古人的生产、生活中具有重要的意义。他们用它来指导农业生产，比如什么季节种植什么样的庄稼，都是根据节气来完成的。有了节气的指示，备耕、播种、防灾、田间管理、收获与储藏都变得有规律可遵循。正因为如此，古人非常重视节气。每年在春天播种之前，古人都要进行“春祈”的活动，祭拜土地神以求五谷丰登。到了秋季八月中旬，正是庄稼收获的季节，人们还要祭祀土地神，汇报收成情况，感谢土地神的保佑，这就是“秋报”。秋报在八月十五日左右，后来就演变成了中秋节。

人们怎么过中秋节

中秋是太阳经过秋分点时与之最接近的一个满月日，此时太阳光线垂直照射在赤道上，南北半球的昼夜长短恰好相等，这一天的月亮在黄昏时就会出现。届时云雾稀少，月亮又大又圆，极为明亮，最适合人们赏月。当一轮明月悬挂于夜空，月辉洒满大地时，也正是一家人团聚的好时光。亲人们围坐在一起，庆祝中秋，共赏明月，祭拜神仙，游戏娱乐，等等。

祭　月

中秋节的晚上，人们将神祃（mà）挂在月出的方向，或者供奉木质的月姑神像。所谓神祃，通常是绘有月神、月宫、玉兔的纸张。也有的地方，既不挂神祃，也不供奉神像，而是直接向月亮跪拜。然后，人们摆上大香案，在香案上放上月饼、清茶、时令水果、糖等。至于香案上具体摆放什么水果，南北方不大相同。北方常常供奉苹果、梨、红枣、李子、西瓜、葡萄等。

虽然神祃、神像以及香案都准备好了，可

人们还不能祭月，因为要等月亮出来以后才可以。月亮升起后，由主拜者叩头敬献。你知道吗？不是所有人都可以祭月，男子就不可以。俗语说得好，“男不拜月，女不祭灶”，讲的就是祭月应遵守的规矩。当然，祭灶王爷是不准女性参与的。人们祭月叩头的时候，口中念念有词：

八月十五月儿圆，西瓜月饼敬神仙。

有吃有喝还有穿，一家大小都平安。

在中秋的晚上，老人还会给儿童讲述有关月亮的故事。古时候是没有电视的，人们靠讲故事来度过晚间的休息时光。讲故事需要双方的合作，要有讲述者，也就是心里装着许多故事的老人；同时还要有听故事的人，或者是儿童，或者是其他人。不管怎样，讲故事让几代人集合在一起，共同做一件事，密切了老人与儿童的关系。今天我们在享受科学技术带来的方便时，却在不经意间失去了一些人与人之间最为宝贵的东西。

吃 月 饼

“八月十五月正圆，中秋月饼香又甜。”我们在过中秋节时，都有吃月饼的习俗。不仅如此，人们还通过相互赠送月饼来传递和增进感情。

到底月饼是怎么出现的呢？民间有好几种解释。

第一种的情节比较简单，是说在秦汉时期，人们在中秋节里举行敬老活动，送给老人糍粑饼。这种糍粑饼，可能就是后来的月饼。

第二种与唐玄宗游月宫有关。据说唐玄宗在月宫中，嫦娥给他吃了酥甜的仙饼，回到人间以后，唐玄宗命下属仿造了仙饼。由于这种饼源自月宫，形状又好似圆圆的月亮，所以人们就把它称为月饼。

第三种还是与唐朝的皇帝有关，不过这次不是唐玄宗，而是唐高祖李渊。传说有一次，李渊与群臣欢度中秋节时，吐蕃商人献上了一种装饰华美的圆饼。李渊就一手拿着圆饼，一手指着天上的圆月，兴高采烈地说“应将圆饼邀蟾蜍”，然后就把圆饼分给群臣吃。从那以后，吃月饼的习俗就流传开来。

第四种说月饼的起源与明朝开国皇帝朱元璋有关。元朝时期，中原人民不堪忍受强权统治，揭竿而起。朱元璋联合各路反抗力量，准备起义。但当时朝廷搜查得非常严格，传递起义的消息就成为一件十分困难的事。军师刘伯温一筹莫展，彻夜不眠，终于想出一条妙计。他命令属下把藏有“八月十五夜起义”的字条藏到饼子里面，再派人分头传送到各地起义军中，通知他们在八月十五日晚上起义。到了八月十五，各路起义军纷纷响应，抗元之势势不可当。很快，元朝的大都就被攻下，起义成功了。消息传开以后，朱元璋十分高兴，传下口谕，在以后的中秋节，让全体将士与民同乐，并将起兵时用来传递信息的“月饼”，作为节令糕点赏赐群臣。此后，中秋节吃月饼的习俗便在民间流传开来了。

重阳节

中秋刚过了，又为重阳忙。

巧巧花花糕，囡囡女想娘。

这是一首民谣，它讲述了一个故事。故事大体上说，在紧接着中秋节的那个特殊的节日里，娘家妈忙碌地做着花糕，然后送给出嫁的女儿。这个女儿想娘的特殊节日，就是重阳节。为什么把这一天称为重阳节呢？

九九为何称重阳

阴历的九月初九是重阳节。九月初九与重阳之间有什么联系呢？

在学习数学课程的时候，你会了解到数有奇数与偶数、有理数与无理数的区分。可是在古人那里，数字还有其他的含义。在他们看来，从一到九的数字中，一三五七九属乾，为阳数；二四六八属坤，为阴数。这里的阳就是指万物赖以生长的太阳。按照这种逻辑，一年中会有五个重阳日，一月初一、三月初三、五月初五、七月初七与九月初九。为什么单单将九九称为“重阳”呢？

这与中国古代的崇九习俗有着很大的关系。在十进制里，九为阳数中最大、最后的那个数，于是就成了数的极致。人们赋予了数字九极大、极高、极多、极久的含义，表明事情的规模接近极致，例如九霄云外、九泉、月儿弯弯照九州等。人们还用九的倍数来表达更多、更大的状态，例如“十八般武艺样样精通”说的不一定就是十八般武艺，还有孙悟空的“七十二变”，民间所说的“三百六十行，行行出状元”也是借用了九的极致含义。一个九的含义尚且如此，两个九相加就更了不得了。这样，农历的九月初九，月和日相重，民间称为“重九”。而九为那个具有神秘色彩的阳数，所以重九也称为“重阳”。

重阳何时成为重阳节

我们知道，重阳是一个以九为定时标准的

节日。那么，重阳是在什么时候成为一个节日的呢？一开始就是一个节日，还是历经了时代的累积而发展成今天的节日呢？

第一种说法认为，重阳与屈原有关。那天是战国时期楚国诗人屈原被流放的日子，他的学生宋玉专程来为老师送别。不过这时的重阳只是一个特殊日期。到了西汉的时候，重阳才发展成为一个固定的节日。魏晋时期，重阳节已经十分盛行。

第二种说法认为，重阳节早在战国时期就已经是民间节日。西汉时期，重阳节走向繁盛。但是，这时的重阳节还没有经过官方的正式认定。根据历史记载，直到唐朝，重阳节才有了官方合法的身份。史传唐朝的李泌曾经奏请皇帝，请求批准民间的“三令节”，即重阳节、中和节、上祀节。

不管重阳节是否起源于战国时期，还是与屈原的流放有关，或许这些都是猜测，除了零星的文献记载以外，已经无从考证了。我们所需了解的是，重阳原来并不是一个节日，而是经过了一个逐渐发展的过程，后来才转变为一个固定的民间节日。

为何要过重阳节

与其他传统节日一样，重阳节也有许多古老的神话和传说。其中最有意思的就是桓景避灾的故事。

据说，东汉时期，汝南县出现了一个瘟魔。这个瘟魔暴烈无比，只要它一现身，挨家挨户都会有人病倒，每天都有人死去。在一场瘟疫中，当地一位叫桓景的年轻人失去了双亲，自己也差一点儿丢掉性命。大病初愈后，桓景离开家乡，准备拜师学艺，为民除害。他走遍千山万水，不断打听名山高人。终于有一天，有人告诉他，东方有一座高山，山上住着一位仙长，道行极高，法力无边。桓景不顾路途的辛劳，在仙鹤的指引下，找到了那座高山，见到了那位仙长。仙长被桓景的精神打动，就收留了他。仙长送给他一把宝剑，并教给他一套降服妖怪的剑术。

一天，仙长对桓景说："明天就是九月初九了，瘟魔又会出来作恶。你的本领已经学成，应该回去为民除害了。"桓景向师父辞别时，仙长送给桓景一包茱萸叶、一壶菊花酒，并且秘密传授了避邪的用法，然后就让桓景骑着仙鹤赶回家去。

桓景回到家乡的时候，正值九月初九的清

晨。他遵照仙长的叮嘱，把所有的乡亲们都领到了附近的一座山上，发给每人一片茱萸叶、一盅菊花酒。桓景告诉人们，把茱萸叶戴在身上，瘟魔就不敢走近了；喝了菊花酒，就不会染上瘟疫了。他把人们安置到山上以后，带上宝剑，返回家中，等着瘟魔前来。

中午时分，在几声令人毛骨悚然的怪叫之后，瘟魔冲出汝河，奔入村庄，却不见人们的踪影。抬头一看，村子里的人都聚在高山上，它就扑到山下。突然，它闻到阵阵的茱萸香味，还有菊花酒香，脸色突然大变，意识到大事不妙，不敢登山，又转回村中。它看到村子东头的一间屋子里有一人端坐不动，心想正好，就咆哮着向那里扑去。桓景眼看瘟魔扑来，举剑相迎。经过几个回合的恶战，瘟魔终于死于桓景的剑下，汝南县再也不用受瘟魔的毒害了。从此以后，重阳节登高避邪的风俗就年复一年地流传了下来。

怎样过重阳节

有一首民谣，将重阳节的活动概括得十分清楚：

九月里，
九月九，
爬山登高饮菊酒，
戴上茱萸避邪恶，
吃了花糕多长寿。

登　高

重阳时节天高气爽，正好适合登高望远。登高除了避邪消灾之外，还有步步高升的含义，这也是从前人们重视重阳节登高的一个重要原因。久而久之，登高就成了重阳节的标志性活动。

虽然旧时的人们在九月九里成群结队地去爬山，但让后人印象深刻的还是那些诗人登高的作品。这些作品历经不同的时代，直到今日仍然传递着重阳节的节日情怀。唐朝著名诗人王维的《九月九日忆山东兄弟》就是其中的一首：

独在异乡为异客，每逢佳节倍思亲。

遥知兄弟登高处，遍插茱萸少一人。

吃重阳糕

中国是一个特别擅长用谐音的国家。“糕”与“高”同音，人们通过糕借用了“高”的含义，于是吃重阳糕就成了登高的另一种表达。这还不算，有人还锦上添花，想出了一个更好的主意：在重阳糕上插上一面带旗杆的小三角旗，将糕打扮得更像高山上的制高点。有的地区在吃重阳糕时，还要点上蜡烛灯，“灯”的谐音为“登”，“糕”的谐音为“高”，正好点出了重阳节登高的主题。

重阳糕在节日里人们不仅自己吃，而且还用来馈赠亲友，甚至用作祭祖。重阳节在某些地区称为女儿节。在这一天里，女儿回娘家，吃重阳糕是必不可少的。如果女儿就居住在附近，每天都能看到，重阳节那天不用回娘家，或者有事情回不了娘家，民间也有补救措施——给女儿送重阳糕。在某些地区，直到今天依然保留着娘家给女儿送重阳糕的习俗。一般要送两个大的、九个小的，取其“二九相逢”的意思。更为讲究的重阳糕一定要做成九层，像座宝塔般模样。有趣的是，还要在宝塔上做两只小羊，以重羊喻重阳。这样的重阳糕，民谚说成“巧巧花花糕”，一点儿都不为过。

戴 茱 萸

在重阳节里，还有把茱萸插在头上或佩戴在手臂上的习惯。茱萸是一种小乔木，树干可以有一丈多高，树叶为羽状复叶，初夏时节开绿白色的小花。茱萸的果实形状类似椒子，未成熟时果实呈黄色，成熟后转变成紫红色。古时候，人们认为吴地生产的茱萸质量最好，所以茱萸也称为越椒。

茱萸具有很高的药用价值，花、叶、果实均可以入药。据史书记载，茱萸最适合栽种在水井旁，这样茱萸的叶子就可以落入井中，人们饮用井中的水，就可以不生病。《本草纲目》上也有相关的介绍，说茱萸的气味芳香，性温热，可以用来治寒驱毒。古人认为，茱萸的作用很大，将它插在发髻上，可以防止邪气的侵袭；燃熏之后，又可以防止蚊虫叮咬；将它放在香囊里佩戴在身，又可以避邪去灾。就这样，戴茱萸成了重阳节里重要的驱邪活动。

赏菊饮菊

菊花是我国的十大名花之一，据文献记载，我国已有三千多年的种植历史了。菊花的花期较长，可以从农历八月一直开放到十一月，长达四个月之久。我国的菊花有很多品种，例如黄色的“亚半球”、白色的“天河洗马”、粉色的“太真图”等。观赏菊花，饮菊花酒，也是重阳节中必不可少的活动，所以民间也将九月称为“菊月”或者“菊节”。在重阳节里，古人将菊花酒视为祛灾祈福的“吉祥酒”，足见其在节日食品里的重要性。

人们对菊花的认识有一个过程。史传汉朝的时候，重阳节里就有采菊花的活动。魏晋时期，人们已经用菊花来烘托重阳节的节日气氛了。到了汉朝末年，菊花摇身一变，成为重阳节的观赏花卉了。唐宋时期，民间以戴菊为美，号称“九日黄花插满头”，甚至到了无菊不重阳的地步。

在山东滕县、临沂和日照等地区，目前重阳节还留有酿造菊花酒的习俗。当地的民谣十分形象地说：

九月九，九重阳，

菊花做酒满街香。

菊花不仅可以用来观赏，用来酿酒，还可以吃。菊花入菜的做法有很多种，可凉拌，可炒着吃，也可以做馅，还可以做汤、做糕、做饼、煮粥等，吃起来鲜美可口。在广东中山市，有个小杭镇，养菊、赏菊、食菊已经有近千年的历史了。你若有机会去那里旅游，就可以尝尝当地菊花的味道了。

腊　八　节

小孩小孩你别哭，

过了腊八就杀猪；

小孩小孩你别馋，

过了腊八就是年。

这是一首在北方地区广为流传的童谣，大意是说过了腊八这一天，接着就要紧锣密鼓地准备过年了。童谣中有些安慰儿童的含义，同时又给予他们希望，勾起他们对春节的渴望。就像你平时欣赏音乐时，首先听到的是一首曲子的前奏那样，腊八就是春节的前奏。为什么这么说呢？这是因为腊八是离春节最近的一个节令，过了这一节令，春节离人们越来越近了，年的味道也越来越浓了。

为什么要喝腊八粥

农历的十二月初八，民间称为腊月初八。提到腊八，人们最先想到的就是腊八粥了。就像在除夕吃饺子、中秋吃月饼、重阳吃糕一样，腊八粥已经成为腊八节里最有标志性的食品了。但是，人们为什么要在腊八喝粥，而不是吃其他美食呢？以下的几则传说回答了这个问题。

纪念佛祖说

有关腊八粥来历的传说有很多，各地的解

释也都不一样。其中，流传较为广泛的是纪念佛祖说。传说释迦牟尼成佛之前，本是一位王子。他为了寻找人生的真谛，曾经遍访印度的名山大川，绝欲苦苦修行了六载，身体因此变得骨瘦如柴，十分虚弱。有一天，他来到了北印度摩揭陀国，当地人烟稀少、气候炎热。王子又累又饿，体力不支，昏倒在地。恰好有一位牧羊女经过，看到了昏倒在地的王子，就用随身所带的杂饭泡上泉水，煮成粥，喂给释迦牟尼吃。释迦牟尼苏醒过来，喝完粥后，很快恢复了元气。于是，就到一棵菩提树下苦思静修，终于在十二月八日觉悟成佛。后人对释迦牟尼所遭受的苦难念念不忘，于是就在腊月初八这天熬粥吃以示纪念。后来，佛家将这一天定为“佛成道日”，并且举行盛大的法会。

纪念岳飞说

传说，岳飞遭到奸臣的陷害，结果军粮被扣下。百姓听到消息后，纷纷给岳家军送去粥饭，岳家军就将粥饭混合而食。据说，这天恰好是腊月初八。以后在这个日子里，老百姓都要煮食腊八粥，纪念岳飞和岳家军。还有类似的一种解释，说岳飞于腊月初八在杭州遇害，所以人们煮食腊八粥来纪念岳飞。例如，江苏溧阳人就是这样认为的。

皇帝御赐说

这种说法与明太祖的经历有关。传说朱元璋年幼的时候，家里贫穷，不得已靠给财主放羊维持生活。谁知财主是个吝啬的人，朱元璋还是经常挨饿。有一次，由于做错事被关在屋子里，朱元璋三天没吃到饭。他饿得头昏眼花，不经意间在屋子里发现了一个老鼠洞。朱元璋想抓只老鼠烧熟后填饱肚子，于是就伸手去掏老鼠洞。他没掏到老鼠，反倒掏出了大米、玉米、豆子等老鼠平日的积粮。他把这些杂粮煮成了一锅粥，吃起来十分香甜。后来，朱元璋当了皇帝，天天吃山珍海味，就觉得很是厌烦。在腊月初八这一天，他突然想起当年的一锅杂粮粥，就命令大内御厨将五谷杂粮煮成一锅粥，大宴群臣，并赐名为“腊八粥”。朝中的大臣纷纷效仿，后来就传入了民间，成为一种节日民俗。

人们在腊八节做什么

喝腊八粥

一千多年前，我国人民就开始喝腊八粥了。据历史记载，早在宋朝时期，每逢腊八这一天，人们都要煮这种粥过节。在腊八节里，全国各大寺院纷纷举行浴佛会，煮七宝五味粥献给佛祖，也赠给施主。不只官方如此，就连普通百姓家里也要将果子杂料煮成粥吃，足可见这种习俗波及的范围。明朝的时候，腊八这一天皇宫内要煮食用料考究的腊八粥，皇帝还要将腊八粥赏赐给文武百官。

清朝的时候，吃腊八粥的风俗就更为盛行了。家家户户都在腊八这一天煮粥喝，富人家的腊八粥还要用果料在粥面上做装饰。从乾隆年间开始，皇帝要赐给文武百官腊八粥。腊八粥都是在雍和宫内煮成的。雍和宫内有一口很大的铜锅，专门用来煮粥。据说，每年雍和宫都要煮六锅腊八粥，分别有不同的用途。前三锅，用料精良，特意添加奶油等食品，主要用来供佛、献给皇家以及大臣们享用。第四、第五锅是送给喇嘛还有百官吃的。等到第六锅时，才是施舍给老百姓的。没想到，腊八粥还可以体现出等级差别来。

晒制腊八豆腐

除了吃腊八粥以外，有些地区还有晒制腊八豆腐的习俗。例如，安徽黟县就是这样，腊八豆腐还是这个地区的风味特产呢。在腊月初八前后，黟县的家家户户都要晒制豆腐，当地把这种自然晒制的豆腐称为“腊八豆腐”。

泡腊八蒜

在华北地区，还有泡腊八蒜的习俗。具体做法是在腊八这天，将大蒜剥皮后放到一个密封的罐子里，然后倒入米醋，把罐子封上口，放到比较冷的地方。过一段时间后，蒜瓣儿就会变绿。泡制得比较好的腊八蒜，通体碧绿，让人看后有食欲。腊八蒜是吃饺子的最佳作料，还可用于拌凉菜。据说，食用腊八蒜，还有驱疾病、避瘟邪的作用。

据说腊八蒜是有来历的。腊八蒜的“蒜”字，发音与“算”字相同。将近年底的时候，各家商号都要盘点，在这一年中挣了多少钱，亏了多少钱，都要算清楚。当然，其中也包括别人欠商号的钱。欠钱一定要收回来，可是临近过年了，总不能当着人家的面直接让人家欠债还钱吧。中国人讲究委婉，于是就会泡上一些腊八蒜送给欠债人，意思是说“已到年底，一年的债务该清算了”。欠债的人收到腊八蒜之后，心里也就明白了。北京有句古语说得好：“腊八粥、腊八蒜，放账的送信儿，欠债的还钱。”利用腊八蒜来清账，是利用谐音的一个很好的例子，我们中国人很擅长。在节日里，你会经常遇到。

除　　夕

儿童强不睡，相守夜欢哗。

晨鸡且勿唱，更鼓畏添挝。

坐久灯烬落，起看北斗斜。

苏东坡在《守岁》中描写在除夕夜守岁的孩子，异于常日作息时间，兴奋地来回奔跑，起来看北斗星，这些欢乐的情形跃然纸上。你可能在每年的除夕夜都曾经亲身体验过这种情形，或者这种除夕夜欢乐的记忆一直伴着你长大。只不过是，我们现在的除夕夜很少再去看北斗星了。虽然随着时间的流逝、社会的发展，除夕守岁的外在形式发生了很大改变，但是我们在除夕守岁的习惯却是始终如一的。我们接下来要说的，就是这个“一夜连双岁，五更分二年”。

除夕虽然只是腊月的最后一天，但是有关除夕的民俗活动并不仅限于这一天，早在腊八，人们就开始置办年货，筹备除夕了。遵照这种民间习惯，除夕要从腊八开始说起，但是腊八在上一部分中已经介绍过，所以我们就从腊月二十三谈起吧。

腊月二十三过小年

腊月二十三，民间称之为“过小年”“小岁”或“小年夜”。“小”的说法是与除夕的大年相对而言的。

过小年除了要放鞭炮以外，最主要的活动就是祭灶。民谣“二十三，糖瓜粘”，指的就是祭灶活动。在我国，祭灶是一项影响较大、波及范围较广的风俗习惯。过去的时候，几乎每家的灶间都设有灶王爷的龛位。龛位大多都安放在灶房的北面或东面，在中间位置上供有灶王爷的神像。神像上写有东厨司命主、一家之主、人间监察神等字样，两旁贴有“上天言好事，下界保平安”的对联。

灶王爷是怎么来的

有关灶王爷的来历，说法有很多种。西汉时期的一部书《淮南子》上说，有一位常住人家的神灵，是玉帝派往人间基层的神灵，这位神灵就是灶神，就是民间常说的灶王爷。从上一年的除夕那天开始，灶王就一直留在家中，高踞灶坛之上，监察一家的一言一行。对于每个家庭的言行，灶王爷详细地记录下来，以便汇报之用。到了腊月二十三日，灶王爷收拾停当，把一年的工作记录整理好，升到天上，直接向上司玉皇大帝汇报这一家人的善恶。这还不算，灶王爷的汇报直接影响到这一家未来一年的命运。对于一家人来说，灶王爷的那张嘴实在是太厉害了，实在是怠慢不得。灶王爷升天那天，更应庄重而隆重地对待。这么做，无非是给灶王爷临走时留下一个好印象，汇报时多说点儿好话，忘掉这一年平日里人们做错的事情。所以，举行仪式是必要的，这就是人们在过小年时祭灶的来历。

民间怎么祭灶

传说，祭灶风俗流传以后，就被列入官方的祭典，在全国立下祭灶的规矩，成为固定的仪式了。民俗学有个专门的术语描述这种现象，称为民俗的上升。那么，民间怎么祭灶呢？

腊月二十三的黄昏入夜时，一家人到灶房中，摆好桌子，并把用饴糖和面做成的糖瓜摆放好，然后向神龛中的灶王爷上香。用糖瓜来祭祀灶王爷，是为了让他甜甜嘴。有些地区祭祀灶王爷时，还要将灶糖涂在灶王爷嘴的四周，一边涂糖一边念叨，“好话多说，不好话别说”。这里的意思表达得更为明显，即用糖堵住灶王爷的嘴。民间常有“吃人家的嘴软，拿人家的手短”的谚语，显然拿糖涂嘴的行为潜藏着互惠的约定。

扫 房 子

腊月二十四，

掸尘扫房子。

民谚告诉我们，祭灶过后，就要扫房子。这也就意味着，祭灶过后人们正式地开始做迎接新年的准备。每年从农历腊月二十三到除夕，我国民间把这段时间叫作“迎春日”，也叫“扫尘日”。这些天人们要彻底清扫室内、屋外，清洗衣被用具，即使犄角旮旯也要打扫干净。人们这样形容扫尘达到的理想情形：

柴有柴样，炭有炭样。

清水洒街，黄土垫厕。

院里院外，喜气洋洋。

贴 门 神

除了扫尘，人们还要置办年货，其中就包括门神、年画等。门神的形象有很多，为人熟知的有秦琼和尉迟敬德这两位唐朝的大将军。他们为什么变成门神了呢？这里有一个有趣的传说。

传说有一位算命先生占卜非常准，泾河的龙王不服气，就与他打赌，结果触犯了天条，问罪该斩。玉帝任命魏徵为监斩官，泾河龙王为了寻活路，向唐太宗求情保住性命。唐太宗答应了，并想出了一条妙计：到了斩龙王的那个时刻，唐太宗召魏徵进宫与他下棋。原以为这样可以保住龙王，没料想魏徵下着下着，就打了个盹儿，魂灵升上天庭，就把龙王给斩了。龙王的冤魂抱怨唐太宗不遵守诺言，日夜在宫外呼号讨命，闹得唐太宗整夜整夜睡不好觉。手下大将秦琼说，他愿意与尉迟敬德一道为唐太宗守夜。那天夜里，龙王果然没有来，唐太宗于是睡了个好觉。可是，唐太宗又不忍心看这两员大将日日为自己守夜，于是就命画匠为两个人画像，并将画贴在门上。这种习惯代代相传，于是，秦琼与尉迟敬德就成了门神。

贴春联

进入新年，贴春联也是一项十分重要的活动。你知道春联的来历吗？据说，春联是由桃符演变而来，演变的过程极为复杂。所谓桃符，就是悬挂在大门两旁的长方形桃木板，桃木板上有神荼和郁垒的画像。后来不知怎么的，大概是出于简化的目的，就改成了在桃木板上书写神荼、郁垒四个字。桃符为什么要用桃木呢？桃是五行之精，可以治百鬼，所以桃木又称仙木。后来桃符中的四个字就变为其他字了。一般认为，五代后蜀的孟昶书写了中国的第一副春联。这副春联就是“新年纳余庆，嘉节号长春”。到了宋朝，桃符由桃木板改为纸张，名称改为“春贴纸”。明朝的时候，春贴纸改称春联。

关于贴春联，还有一则传说。相传明太祖朱元璋十分喜欢春联。有一年除夕，他下令无论文武百官还是平民百姓，家家户户都要用红纸写春联、贴春联。然后，他就微服私访，看看他颁布的政令是否都落实了。他走到南京城里，看到大街小巷的门上都贴满了春联，红光耀眼，很是得意。突然，他发现一户人家没有贴春联，甚为显眼，心里一股怒气陡然升起。

他走到这家前去询问原委，才知道这家是阉猪的，正在为没有人写春联而发愁。于是朱元璋就兴致勃勃地写了一副春联：“双手劈开生死路，一刀割断是非根。”赐给了那家人。经过明太祖的大力倡导，贴春联就成为民间的一种习惯，一直流传至今。

贴　年　画

据说年画的兴起还与门神的传说有关。桃木上的门神图像后来沿着两个方向改变：一个是沿着文字的方向发展，成了后世春联的前身；另一个是沿着图画的方向发展，成了年画的前身。

年画除了点缀卧室、烘托过年的气氛以外，大多含有一种或多种寓意，如大胖娃娃抱鲤鱼，象征着来年生子和吉庆有余；大胖娃娃抱只大公鸡，象征来年兴旺吉祥；如果画中有摇钱树和聚宝盆，则象征着招财进宝。人们正是利用谐音或者其他象征意义，把自己的理想与祝福映射到年画中。

倒贴福字

每逢春节，家家户户都要在房屋的许多地方贴上福字，这是我国民间由来已久的风俗。福字有福气与福运的含义，用现在的话说，就是幸福。为了更好地表达心愿，民间喜欢将福字倒过来贴，表示“福气已到”。

除夕是怎么来的

除夕中的除字有“去、易、交替”的含

义，因此除夕的意思就是“月穷岁尽”。如果换成现在的语言就是，过去的一年到此为止了，来年是另一个新年。除夕前后的活动都以除旧布新、祈福消灾为核心。你知道除夕是怎么来的吗？

传说，在远古的时候，玉皇大帝派灶神菩萨下基层了解民情。有一年的腊月二十三，灶神菩萨向玉帝汇报：“不得了了，百姓一年三百六十五天都吃粗茶淡饭，每天都辛苦劳作，长此以往，我担心老百姓的身体会吃不消。”玉帝听了汇报，就让大家商议良策。太白金星想了一下，就说：“玉帝可以让药王菩萨下凡，来办这件事情。”玉帝准奏，让药王菩萨领命。

在腊月初八的早上，药王菩萨偷偷在人家的饭锅里丢下了疯人药。那药说来奇怪，人们吃完之后，慢慢地“疯”了起来。在药的作用下，人们不大愿意到地里干农活儿了，而是女的缝新衣，男的杀猪宰羊。到了腊月二十四以后，人们“疯”得更厉害了，相互请吃饭，请喝酒，谁也不提干活儿的事。腊月三十的中午，人们纷纷拿出好吃的食物，围在桌旁，大吃大喝起来。从正月初一起，老百姓不仅吃好的，而且穿上新衣到处玩耍。有的人家画上大花脸，敲锣打鼓地四处游街；有的人家相约去拜年。

到了正月十三，灶神菩萨又上天奏道：“玉帝，大事不好了，百姓们全疯了。他们只知道吃吃喝喝，一样活儿也不干，要是一直这样下去，该怎么办呢？”玉帝听后，十分惊诧，再令群臣商议。太白金星又站出来说：“解铃还须系铃人，想要治好百姓的疯病，还得让药王菩萨去。”玉帝准奏，即令药王菩萨再次下凡治理。在正月十五的晚上，药王菩萨将人们的晚饭变成汤圆，里面放些芝麻、核桃、白糖等做清醒之用。百姓们吃后，第二天早上，恢复了往常的劳动，“疯病”一下全好了。

除夕之夜守岁

我们中国有在除夕之夜守岁的习俗，吃过晚饭后，大人小孩都不能睡觉。为什么要守岁呢？

据说，除夕晚上如果彻夜不眠，精神抖擞，来年里人们就会精力充沛，事业有成。还有一种说法，说老天爷在三十晚上会打开天门，将金银财宝撒往人间，所以人们要等着接宝。

实际上，守岁有两种不同的含义：对于年长的人来说，守岁是辞旧岁，就是珍惜光阴的意思。而对于年轻人来说，守岁又有为父母延年益寿的含义。所以，父母健在的人，儿女都要尽孝心守住父母的年华。

给压岁钱

小孩子特别喜欢过年，压岁钱也是一个重要原因。压岁钱是指长辈给孩子的钱，可以当众赏给孩子，也可以在除夕夜孩子睡着后，由家长偷偷地放在孩子的枕头底下。后一种与西方的圣诞节有些相似，圣诞节也是等孩子睡着后，父母在孩子预先准备好的袜子中装礼物。不同的是，孩子们认为那是圣诞老人送的礼物。

为什么要给压岁钱呢？民间认为，长辈给孩子压岁钱，当妖魔伤害孩子时，孩子可以用这些钱送给它们。另一种说法认为，“岁”与“祟”谐音，所以压岁钱可以压住邪祟，晚辈得到压岁钱就可以平平安安度过一岁。清朝有个叫吴曼云的人，写了一首《压岁钱》，诗中说：

百十钱穿彩线长，分来再枕自收藏。

商量爆竹谈箫价，添得娇儿一夜忙。

看来，孩子才不管压不压祟呢，他们关心的是可以用压岁钱买自己喜欢的东西，比如鞭炮、玩具或者是糖果等许多平时就想要的东西。

放鞭炮

爆竹声声辞旧岁，更是过年的一个重要特征。有谁不记得童年的时候放爆竹的经历呢？我们现在称爆竹为鞭炮，有二踢脚、闪光雷、吐火球、蹿天猴等，种类繁多。可是你知道为什么在过年的时候放爆竹吗？

传说，很久以前，在西方的一座大山中，

住着一个叫山魈（xiāo）的怪物，它只有一条腿。如果有人冒犯了它，就会身染寒热病，不久就会痛苦地死去。

有一年的冬天，一位农民在山上砍完竹子回家。他一路上觉得天气冷，随手就折了一些竹子点燃，竹子烧得噼啪作响。正在这时，他看见山魈，吓得拔腿狂奔。没想到，那山魈看到噼啪作响的竹子，跑得比这人还快，一眨眼的工夫就没了影。这样，人们发现了山魈的弱点——它怕火光和响声。于是，人们就在除夕的晚上燃起竹子，吓退山魈，使它再也不敢来了。这就是过年燃放爆竹的来历。

除夕夜里吃什么

除夕的年夜饭，全家老少要一起吃。这顿

饭不同以往，既包含辞别旧岁的意义，又含有迎接新年的特殊意义，所以家家都非常重视。

北方的年夜饭比较有特点，三十晚上要做好一锅饭，留着过年的时候吃，民间称“隔年饭”，取其“年年有剩余，一年到头吃不完”的意思。隔年饭一般用大米和小米混合起来煮，人们称为“有金有银，金银满盆”的“金银饭”。吃团圆饭时，一定要有鱼，取其“年年有余”的含义。东北地区的年夜饭还要有猪蹄，取其“挠钱”的含义；此外芹菜也是不可少的，这样在来年里人就会很勤快。

不少地区在守岁时准备的糕点瓜果，也都有寓意。例如吃枣代表“春来早”的意思，吃柿饼代表“事事如意”的意思，吃杏仁代表“幸福人”的意思，吃年糕代表“一年要比一年高”的意思。

作者介绍

贺绍俊

毕业于北京大学中文系。沈阳师范大学教授，中国当代文学研究会副监事长，辽宁省作家协会副主席。曾任《文艺报》常务副总编辑，《小说选刊》主编。曾荣获鲁迅文学奖、中国当代文学研究会学术奖、中国文联文艺评论奖等奖项。

吉国秀

辽宁大学文学院教授，博士生导师。毕业于北京师范大学民俗学专业，师从钟敬文教授、万建中教授。曾荣获中国民间文艺山花奖学术著作奖、中国妇女研究优秀成果奖等奖项。